"क्या समर्पित करूँ तुम्हे"
राज-ए-उल्फ़त

आर्वी "खामिश "(रामावतार कस्वां)

XpressPublishing
An imprint of Notion Press

Old No. 38, New No. 6
McNichols Road, Chetpet
Chennai - 600 031

First Published by Notion Press 2020
Copyright © Aarvi "khamish" (Ramavtar kaswan) 2020
All Rights Reserved.

ISBN 978-1-64805-557-7

This book has been published with all efforts taken to make the material error-free after the consent of the author. However, the author and the publisher do not assume and hereby disclaim any liability to any party for any loss, damage, or disruption caused by errors or omissions, whether such errors or omissions result from negligence, accident, or any other cause.

While every effort has been made to avoid any mistake or omission, this publication is being sold on the condition and understanding that neither the author nor the publishers or printers would be liable in any manner to any person by reason of any mistake or omission in this publication or for any action taken or omitted to be taken or advice rendered or accepted on the basis of this work. For any defect in printing or binding the publishers will be liable only to replace the defective copy by another copy of this work then available.

[पुस्तक का यह संस्करण लिखने के लिए मुझे प्रेरित करने वाले unique idiots को समर्पित]

<u>आर्वी " खामिश "</u>

क्रम-सूची

1. दास्ताँ — 1
2. सनक — 4
3. खुदगर्ज मानें भी कब थे ? — 6
4. सितम-ए-उलफ़त — 8
5. क्या समर्पित करूँ तुम्हें ? — 9
6. नया राही हूँ ,वाकिफ नही मोहब्बत के सलीके से — 12
7. राज-ए-उल्फ़त — 14
8. उम्मीदों की चाह — 17
9. तकरार — 19
10. गीत प्रेम का कवि बन जाऊँ — 20

1. दास्ताँ

नयननीर को बना रोशनाई
तुम्हारा नाम लिख रहा हूँ
दहकते अंगारों पर तय सफर की
दास्ताँ लिख रहा हूँ,

**

यूँ तो मुनासिब नहीं जग को बतलाना
कल्पित अश्क को गढ़ सुर्ख स्याही
गुमनाम नाम लिख रहा हूँ।

***

जिस महबूब को लिखे
खत कभी साँझ की पुरवाई में,
उसी महबूब के दिये जख्म का
हिसाब लिख रहा हूँ।

***

यूँ तो मेरे जख्मों का मरहम नही इस जहाँ में,
पर महबूब के दिये जो फ़लसफ़े कभी
उन्ही के नाम लिख रहा हूँ।

***

तुम्हारे हर सवाल का जवाब था मैं,
आज तुम पर ही फ़रामोश का
इल्जाम लिख रहा हूँ,

***

मैं वाकिफ़ इस खबर से
तुम अभी बेगानों कीमहफ़िल की रोशनी हो,
मगर मैं आज की ये सर्द शाम
तुम्हारे नाम लिख रहा हूँ।

***

किताब की हर ज़िल्द पर लिखा तेरा नाम
आज वही दुर्नाम लिख रहा हूँ,
मुझे भी तलाश रही थी
उम्रभर साथ चलनेवाले हमनफस की,
मगर देखो ख्वाब-ओ-अंजाम
तजुर्बे का कच्चा रहा   मगर
आज उसको बेहिसाब लिख रहा हूँ।

***

शायद कुछ अनजाना था
शायद कुछ बेगाना था,
दिल का अमीर मुक्कदर का गरीब
यही मेरा फ़साना रहा था,

***

तुम कश्ती बीच समंदर छोड़ लौटे
मैं बैठा समंदर किनारे बैठा
बनाने खुद को   लगा
इंसान ढूंढ रहा हूँ,
तुम लौटे बीच राह से थे
मगर मैं साथ तय सफर की
दास्ताँ लिख रहा हूँ !!!!!

***

2. सनक

सनक कुछ यूँ उठी ,
वो किश्तों मे ढह गए
सँजोकर रखे थे ,कुछ दरियादिली के सपने हमने भी,
जख्म जमाने की आग ,अश्क अश्रु संग बह गए
तेरी रूह की यादें लिख पाएँ कोशिश हमने भी की
लिख ना पाये अल्फ़ाजों ने ,अश्क अश्रु संग बह गए !

***

कुछ तो गैरत मे भी अपनेपन का सुरूर था
हम रोक ना पाये दिल को, ये हमारा भी कूसूर था
आबो हवा भी कुछ यूँ बदली तेरे ही पैमाने पर
ढहा वही आशियाँ जिस पर हमे गुरूर था !

***

तुमने तो बैगानों की महफ़िल को अपना बनाया
हमने तेरी यादों से हमनफस बेकसूर बनाया
छोड़ गया कश्ती बीच समंदर एक मांझी के सहारे
हमने दूसरा मांझी भी तेरी तस्वीर को बनाया !

***

तुम चले गए थे यूँ ही, मुझे मैखाने मे पीता हुआ छोडकर
मुड़कर आना तो मयस्सर न हुआ उम्मीदों का सफर
तू लौटकर ना आयेगा ,किस गुरूर मे है मगर
हमने भी दी है तेरी खुद्गर्जी की सरेराह खबर

***

3. खुदगर्ज मानें भी कब थे ?

खुदगर्ज माने भी कब थे ?
जो तुमको हम अपना भी किस्सा सुनाते
तुम तो गैरत मे ही डूबे रहे
भला हम तुम्हें कैसे अपना हिस्सा बनाते ?

***

बानगी हमने भी कुछ ऐसी ही लिखी खुद्गर्जी मे
व्योरे हो चले थे हम खुद से ही
तुम्हारा मुड़कर आना ही मुनासिब न हुआ
तुम्हारे जाने का किस्सा भी किसे सुनाते ?

***

मेरी रजा क्या थी ?
ये तो तुमने जानी ही ना थी
मै किस कदर डूबा रहा तुम्हारे इश्क मे ?
ये तुम्हारे जज़्बात के पैमाने पर ही ना थी!

***

तुम्हारी नजर ने मेरे इश्क को क्या जाना ?
जिस्म की नजाकत पर फिदा आशिक पहचाना
पाक इश्क मे रूह से रुखसार होना भी इश्क है
शायद तुम इस खबर की खबरदार ना थी !

4. सितम-ए-उलफ़त

तेरी आंखो की नजाकत ने कुछ यूँ सितम ड्हाया
कारवाँ गुजर गया मयस्सर ना हुआ तेरा साया !

***

वो तेरी चुलबुली शरारतें ,वो तेरा पागल कहने का शोर
मै इंतजार मे बैठा रहा , तुमसे रुखसार हुआ कोई ओर

***

खुदा जाने किस कशमकश के बहर मे थे तुम
मन्नते हजार की हमने मगर अडिग थे तुम

***

कल एक अरसे बाद मेरे भेजे ख़त का जवाब आया
ढूंढ अपनी मंजिल कहीं, यही तो संदेश है भिजवाया !

*** ***

5. क्या समर्पित करूँ तुम्हें ?

क्या समर्पित करूँ तुम्हें ?
तुम्हारे ही जन्मदिन पर
कुछ ना लिखूँ इश्क की रवानी में
खास तोहफा दूँ मगर !
क्या समर्पित करूँ तुम्हें ?
तुम्हारे ही जन्मदिन पर !

***

लाख कोशिश भले रोकने मेरा सफर
रोक ना पाएगा मेरी दिलगी है इस कदर
ना जाने क्या रिश्ता है तेरा मुझसे
मेरी हर रचना मे तुम ही बस गयी हो मगर!
क्या समर्पित करूँ तुम्हें ?
तुम्हारे ही जन्मदिन पर !

***

तेरे नयन नक्स की नजाकत ने
जब से है मेरे दिल के दरवाजे लो खटखटाया
मिले सफर के दरमियान कई हसीन चेहरे
मगर दिल की गहराई मे तुझसा ना उतर पाया

मंजिलों के दर्मियतन चाहत बनी रही इस कदर
तुम रुठ जाओ ये डर बना रहा इजहार न कर पाया मगर !
क्या समर्पित करूँ तुम्हें ?
तुम्हारे ही तुम्हारे ही पर !

***

अधर कह रहे चुंबनो का अंबार लिख भेजे तुम्हें
मगर दिल के अरमान आलिंगन को बेताब तुम्हें
प्रेम पंछी बन आसमां मे आशियाँ बनाएँ
तुम बनो चकोर हम चकवे ही बन जाएँ
मगर डरता भी हूँ इस जवानी से
ना हो इस कहानी का हीर राँझे सा हश्र !
क्या समर्पित करूँ तुम्हें ?
तुम्हारे ही जन्मदिन पर !

***

क्या होगी मुक्कमल तेरी पैदाइसी खूबसूरती
बगैर गुजरे एक रोज भी बाहों मे मेरी
तुम जो अक्सर पुछती हो जन्मतिथि मेरी
तो जान लो, लिख लो ठीक ठीक
जिस रोज तुमने कुबूल की थी प्यार की अर्ज
उस रोज नया जन्म हुआ मेरा, बाहों मे तेरी!

***

क्या समर्पित करूँ तुम्हें ?

तुम्हारे ही जन्मदिन पर
कुछ ना लिखूँ इश्क की रवानी मे
खास तोहफा दूँ मगर !

******

6. नया राही हूँ, वाकिफ नही मोहब्बत के सलीके से

नया राही हूँ, वाकिफ नही मोहब्बत के सलीके से
जरा पूछ महबूब से, मोहब्बत के सलीके क्या है ?

***

रख देंगे हम सिर भी अपना, ए-रकीब तेरे सजदे मे
ढूंढ रकीब को, पूछ उससे, उसके सजदे मे सजा क्या है ?

***

अहद-ए-जवानी मे, लहू भी शागिर्द रहा है जवानी का
क्या मजा जब महबूब रूठे ना, मगर मनाने की अदा क्या है ?

***

दाग लिए बैठे है हम भी दामन पर फरामोश के
वो खामोश, दर्द-ए-मोहब्बत सहे, ये रिश्ता क्या है ?

***

गूनाह की तलब नही, मगर गूनहगार हम ठहराए गए
ना वो वाकिफ ना हम जाने, तो फिर गूनाह क्या है ?

***

उसके सितम की इंतिहा ना हो , वो भी है इसकी फिक्रमंद
वफा जफा कुछ भी नही ,हम देखे मगर सितम की इंतिहा क्या है ?

***

हँसती है वो भी अब कि हिज़्र की रातें थी जो अब गुजर गयी है
रोते है हम लुत्फ-ए-दुआ-ए-सहरमे भी ,वो दुआ क्या है ?

***

मेरे हर एक पल की कहानी ,जुबानी से रुखसत है वो
मगर रूठकर ओर जफा हो गए ,ये दास्तां क्या है ?

***

जिक्र जुबां पर ना आया ,खामोश हा जुबां-ए-इश्क "खामिश"
तुम्हारा राज-ए-उलफ़त भी अयां ना हुआ ,ये राज क्या है ?

*** ***

7. राज-ए-उल्फ़त

आसमां की ऊंचाई पर उड़ते
हर परिंदे को बाज लिखता हूँ
सुर लय ताल लफ्ज से ना मिले
मगर अल्फ़ाज़ लिखता हूँ !

***

भले मंजिल मुद्दतों से तलबगार नही है मेरी
भले सब उम्मीदें सिमटकर
हाथ बन जाने को मचले है मेरी
हसरते पालना नामुमकिन नही
मगर मै हसरतों के साज लिखता हूँ
सुर लय ताल लफ्ज से ना मिले
मगर मै अल्फ़ाज़ लिखता हूँ !

***

ये शहर ,ये गाँव, ये गलियाँ ,ये चौबारे
करते है कुछ कुछ इशारे
एक शाम की पुरवाई ऐसी चली
कर लिया शामिल हमे भी महफ़िल मे
मगर अब रिश्ते की डौर तोड़ ,देकर उसे भी नया मोड
रहते है मुझसे भी वारे न्यारे !

***

वो खबरदार है इस खबर से
मै गीत गजलों मे उसका नाम लिखता हूँ
सुर लय ताल लफ्ज से ना मिले
मागे मै अल्फ़ाज़ लिखता हूँ !

***

मै जब बना था पतंग
वो डोर बन गयी थे मेरे
मै जब था सिने मे धड़कता दिल
वो जज़्बात बन गए थे मेरे
मै था बिन अर्थ का लफ्ज
वो अल्फ़ाज़ बन गए थे मेरे
मै था जब फिक्रमंद "आर्वी"
वो बन "खामिश" अल्फ़ाज़ बन गए थे मेरे !

***

अब तो डोर, जज़्बात, अल्फ़ाज़, हमराज
सब एक साथ लिखता हूँ
सुर लय ताल लफ्ज से ना मिले
मगर अल्फ़ाज़ लिखता हूँ !

***

अजीब बहर-ए-कशमकश से
गुजर रही है मेरी जिंदगी
ना वो रही ना उसकी याद
किसी ओर से भी ना जुड़ रही बंदगी

खुल गए थे राज-ए-उलफ़त के
जब उसका ही जिक्र था
कुछ ओर अयां हो ना पाया
बस उसी राज का फिक्र था !

***

उस दौर-ए-जिंदगी के
राज-ए-उल्फ़त लिखता हूँ
सुर लय ताल लफ्ज से ना मिले
मगर अल्फ़ाज़ लिखता हूँ!

8. उम्मीदों की चाह

न हारा हूँ मै चुनौतियों से,
मसले-ए-ज़िंदगी मे चाहे जीतने बड़े हो
सुलझता रहा मै अक्सर उलझने ही,
उम्मीदों के दरमियान भले थोड़ी हो !

***

अब भी रुके नहीं है मेरे हाथ
ना डगमगाया है उम्मीदों से मेरा साथ,
ना सूझती हो भले कोई डगर
जिंदा रहने की मुमकिन कोशिश है मगर,
हाँ थोड़ा डगमगाया है मेरा विश्वास
मै हूँ इस खबर से ही बेखबर !

***

उलझने मसले-ए-पहाड़ बन उभरी राह मे मेरी
मगर उम्मीदों की चाह, राह आसान बनाती है मेरी
उम्मीदों को रखूँ बरकरार, चाहते ना मरने पाये मेरी
नगपति जब राह रोके, भूधरपति जब आँख दिखाये
बन मांझी मई राह बनाऊँ ऐसी कोशिश है मेरी

***

मेरी श्लाघा मे आप पढ़ो कसीदे
ऐसी कोई तलबगार नही है मेरी
ना हारूँ कभी राह उलझनों से
रखना मेरे मौला छाया तेरी,
हार कर डगमगा जाऊँ
झूठ को सच बतलाऊँ
ऐसी फितरत भी नही मेरी !

***

उम्मीदों को पर लगाकर, आसमां की उड़ान भरूँ
ख्वाब ,ख्वाब रहे मंजूर, मगर ख्वाब भी मरने दूँ
ऊंचाई के डर से उड़ान भी ना भरने दूँ
ये हकीकत नही हा मेरी !

******

9. तकरार

जिस्म वही है ,रूह की राह मे तकरार हुई है
परिंदा वही है, उलफत की चाह मे रार हुई है !

***

कुछ ना बदलेगा, हम इसी गफलत मे बैठे रहे
परिंदे जिस्म उठा ले गए ,हम नयन को तकते रहे !

***

कुछ ना बदला है,अब खाक मे बदलेगा
हम इस भ्रमपाश मे रहे, पहले वही बोलेगा !

***

वो अब सजदे मे किसी गैर के बेकरार हुए जा रहे है
खत लिखते है हम भी, वो इंकार किए जा रहे है !

***

अब तो आईना भी बोल उठा है,ये कैसी उलफत है
तुम इकरार मे हो, वो इंकार मे है,ये कैसी गफलत है !

******

10. गीत प्रेम का कवि बन जाऊँ

लिखूँ आज मै जो प्रेम गीत जो ,गीत प्रेम का कवि बन जाऊँ
उर अक्ष मे सँजोकर रखूँ तुम्हें, प्रेम एकांकी का हीर बन जाऊँ
रहूँ विरहाकुल जब-जब प्रेम मे ,करूँ उद्घोष तेरे ही नाम का
कुछ अनकहा ,गुनगुनाता सा उद्गार,नर्म होठों का गीत बन जाऊँ !

***

जब मन विभोर रहे भाव नीर मे, तब सजते गीत समंदर क्षीर मे
चीर हिमालय जब निकले गंगा, धरा नीर तब नीरधार बन जाए
नदी सा निश्छल,समंदर सा अडिग,सूर्य लालिमा जब बिखरे जग मे
अर्थ-अर्थ मे बांचू तुमको तब हर अक्षरनीर तुम्हारे ही नाम कर जाऊँ !

***

करूँ न्यौछावर खुद को तुम पर, तब मुझको भी निर्वाण मिलेगा
शब्द-शब्द धड़केगा तुम पर ही , तब प्रेम गीत को प्राण मिलेगा
बिन मंत्र यज्ञ न हो पूरा ,मानुष जीवन को भी सार मिलेगा
कर गुंजित तुम्हें स्वर प्रेम मे ,सुर संगीत का मैं सार बन जाऊँ !

***

बहे ना नीर क्षीर मे कलकल ,मगर क्षीर नीर भी बहे है पलपल
बैठे है प्रीतम के पास मगर,प्रीतम भी है कुछ कहने को व्याकूल
निश्छल प्रेम की जब धार बहे, मैं जीत कर भी हार का गीत बन जाऊँ
नीर क्षीर का बन मंत्र अधूरा, बहते नीर मे भाव विभोर बन जाऊँ !

***

तू कहे जो मैं राधा हूँ तेरी, मैं गिरधर हूँ तू प्रीत है मेरी
राधा-कृष्ण का मेल कहाँ है? रुकमणि से मिले गिरधारी
तू भूल जगत को,भूल स्वयं को,कहे मुझे जो तू त्रिपुरारी
निर्विकार रहे हमारा प्रेम जगत में ,मैं भी तेरा ऐसा मीत बन जाऊँ !

******